ESLC
EASY SPANISH SHORT NOVELS FOR BEGINNERS

With 60+ Exercises & 200-Word Vocabulary

VOLUME 3
Miguel de Cervantes's
"DON QUIXOTE"
(Don Quijote)

Copyright © 2016
EASY SPANISH LANGUAGE CENTER
ALL RIGHTS RESERVED.

ESLC Reading Workbooks Series

ESLC READING WORKBOOKS SERIES

VOLUME 1:
THE LIGHT AT THE EDGE OF THE WORLD
by Jules Verne
*

VOLUME 2:
THE LITTLE PRINCE
by Antoine de Saint-Exupery
*

VOLUME 3:
DON QUIXOTE
by Miguel de Cervantes
*

VOLUME 4:
GULLIVER
by Jonathan Swift
*

VOLUME 5:
SHERLOCK HOLMES ADVENTURES
by Sir Arthur Conan Doyle

"Don Quixote"

PUBLISHED BY:
EASY SPANISH LANGUAGE CENTER

TRANSLATED, CONDENSED AND PRODUCED BY:
Álvaro Parra Pinto

PROOFREADING:
Magaly Reyes Hill
Dinora Mata Flores

EDITOR:
Alejandro Parra Pinto

Copyright © 2016 ESLC. All Rights Reserved

ISBN-13:
978-1532821349

ISBN-10:
1532821344

ABOUT THIS WORKBOOK

FUN AND EASY TO READ, this didactic workbook in Easy Spanish is based on the best-selling novel **DON QUIXOTE by Miguel de Cervantes**, translated, edited and simplified to ease reading practice and comprehension using simple wording, brief sentences, moderate vocabulary plus short and entertaining exercises. Especially written in simple, easy Spanish for experienced beginning and low–intermediate students, each chapter is followed by a glossary of Spanish common words and popular expressions and their respective English translations, as well as by fun and simple exercises designed to increase your reading skills, comprehension and vocabulary.

In short words, this new series of workbooks published by the **Easy Spanish Language Center (ESLC)** aims to provide simple reading practice and boost the development of reading comprehension based on the understanding that reading is *"a complex, active process of constructing meaning"* instead of *"mere skill application."*

"Don Quixote"

CONTENTS

1-EL VIEJO DON QUIJOTE
Page 1

II-EL JOVEN SANCHO PANZA
Page 11

III.- COMIENZA LA AVENTURA
Page 21

IV.- EL CASTILLO BLANCO
Page 31

V.- DULCINEA DEL TOBOSO
Page 45

VI.- EL SEÑOR DE LOS LEONES
Page 59

VII.- LA NUBE DE POLVO
Page 73

VIII.- El REBAÑO DE CORDEROS
Page 83

IX.- CONTRA BRUJOS Y GIGANTES
Page 91

X.- LA BATALLA DE LOS MOLINOS
Page 103

"Don Quixote"

1-EL VIEJO DON QUIJOTE

EN UN LUGAR de La Mancha, **cuyo nombre no recuerdo**, no hace mucho tiempo vivía un **viejo granjero** que tenía muchas tierras y una enorme fortuna. Y aunque era un hombre muy inteligente y rico, su mayor problema consistía en que era **adicto** a las **novelas de aventuras** y de **caballería**.

Sus libros favoritos hablaban sobre grandes héroes, **caballeros de relucientes armaduras**, terribles gigantes, y feroces dragones…

El viejo granjero se llamaba Alonso Quijano y vivía una enorme **casona** con su hija y una sirvienta. Y aunque era viejo y **extremadamente delgado**, todavía era un **hombre fuerte**.

Todas las mañanas, al salir el sol, Alonso Quijano se despertaba muy temprano y trabajaba en el campo hasta el mediodía. Y todas las tardes, después de almorzar, se dedicaba a leer hasta la noche.

Un buen día, sin embargo, le dijo a su hija:

-¡He decidido dejar de trabajar!

-Pero padre ¿qué vas hacer con tu tiempo libre?

-¡Me dedicaré a leer!

 Y entonces se dedicó a leer a tiempo completo.

¡Su hija no pudo evitarlo!

El viejo leía de día y de noche. ¡Lo hacía sin parar!

Hasta que un día, de tanto leer y poco dormir, ¡al pobre viejo se le secó el cerebro y se volvió loco!

Entonces en su locura, soñó con ser un famoso caballero de reluciente armadura con la misión de luchar contra brujos, gigantes, dragones y malhechores...

Imaginó que **recorría el mundo** luchando contra el mal en nombre de la Justicia, el Honor y el Amor de una mujer. ¡Y entonces decidió convertirse en caballero!

¡Estaba loco!

En su locura, Alonso Quijano creyó que todas las fantasías de sus libros eran verdad, incluyendo los **encantamientos**, brujos, dragones, **ogros, pociones mágicas** y **otras fantasías**.

Y así, un buen día después de decidir que se convertiría en **caballero andante,** finalmente cambió su nombre a Don Quijote de la Mancha.

Ese inolvidable día, el viejo Alonso juró dedicar su vida a luchar por la Justicia.

Entonces tomó tres decisiones **que él consideraba** muy importantes:

Primero, bajó al inmenso sótano de su casa y limpió la vieja armadura de su bisabuelo.

Segundo, decidió ponerle un nuevo nombre a su caballo. ¡Le tomó cuatro días decidirlo! Después de todo, el caballo de un caballero famoso tiene que tener un **nombre glorioso**. Finalmente, después de considerar más de cien nombres, decidió llamarlo "Rocinante", por lo que antes había sido un hermoso **rocín.**

Y tercero, decidió salir en buscar de un fuerte y joven ayudante para **nombrarlo** su fiel **escudero** y salir a matar maléficos gigantes, brujos y dragones.

"Don Quixote"

DESPUÉS DE LA LECTURA

VOCABULARIO

1-Cuyo nombre no recuerdo = which's name I don't remember

2-Viejo granjero = old farmer

3-Adicto = adicted

4-Novelas de aventuras = adventure novels

5-Caballería = knighthood.

6-Caballeros de relucientes armaduras = knights in shining armors

7-Casona = big house

8-Extremadamente delgado = extremely thin

9-Hombre fuerte = strong man.

10-Recorría el mundo = crossed the world

11-¡Estaba loco! = He was crazy!

12-Encantamientos = enchantments

13-Ogros = ogres

14-Pociones mágicas = magic potions

15-Otras fantasías. = other fantasies

16-Caballero andante = knight-errant

17-Que él consideraba = that he considered

18-Nombre glorioso = glorious name

19-Nombrarlo = name it

20-Escudero = squire

21.-rocín = working horse

"Don Quixote"

EJERCICIOS

1.-Completa la oración:

a.-Alonso Quijano era adicto a las novelas de _____ y de caballería.

b.-El viejo leía de día y leía de _____.

c.-Alonso Quijano cambió su nombre a Don _____ de la Mancha.

d.-Don Quijote decidió llamar a su caballo _____.

2.-Responde Verdadero o Falso:

a.-Alonso Quijano vivía en una enorme casona con su hija y una sirvienta __

b.-Quijano soñó con ser un famoso cocinero __

c.-Don Quijote decidió salir en buscar de un débil y viejo ayudante para nombrarlo su fiel escudero __

3.-Preguntas de selección múltiple:

Seleccione una única respuesta por cada pregunta:

1.-Alonso Quijano era un hombre:

a.-Muy inteligente, rico y delgado.

b.-Bruto, pobre y gordo.

c.-De clase media, poco inteligente y corpulento.

d.-Ninguno de los anteriores.

2.-¿Qué quería ser Alonso Quijano?

a.-Un payaso de circo.

b.-Un famoso caballero.

c.-Un excelente escritor de novelas de caballería.

d.-Un malhechor.

.

3.-Don Quijote quería un compañero:

a.-Deshonesto y malo.

b.-Débil y viejo.

c.-Fuerte y joven.

d.-No quería compañero.

4.-¿Cuáles fueron las tres decisiones importantes que tomó Don Quijote?

a.-Mudarse de pueblo, engordar y trabajar la tierra.

b.-Volverse a casar, cambiar de caballo y ser cazador de moscas.

c.-Limpiar la armadura, cambiar el nombre a su caballo y buscarse un compañero de aventuras.

d.-Ninguna de las anteriores.

SOLUCIONES CAPÍTULO 1

1.-Completa la oración:

a. aventuras

b. noche

c. Quijote

d. Rocinante

2.-Responde Verdadero o Falso:

a.-V.

b.-F.

c.-F.

3.-Preguntas de selección múltiple:

1.-a.

2.-b.

3.-c.

4.-c.

II-EL JOVEN SANCHO PANZA

ESE MISMO DÍA el viejo granjero visitó a Sancho Panza, uno de sus más cercanos **vecinos**. Y **sin perder tiempo** le confesó sus locos planes.

Sancho era un joven **recién-casado**, de **baja estatura** y con una enorme **panza** que **hacía honor a su apellido**.

Aunque no era muy inteligente, todos decían que era un **muchacho** muy honesto y trabajador.

Y eso era justo lo que necesitaba Don Quijote.

Sancho había dedicado toda su vida a **labrar la tierra**. Y aunque no sabía leer y de **poca cultura**, tenía una gran **sensatez**.

Cuando Don Quijote le propuso que fuera su escudero y lo acompañara en las aventuras que estaba a punto de comenzar, al principio Sancho **se resistió**.

-Para empezar, no se nada de los caballeros andantes y no quiero ser ayudante de nadie. ¡Y mucho menos de su vecino! –dijo Sancho.

Sin embargo, Don Quijote logró convencerlo:

-Piénsalo bien, amigo Sancho. Te aseguro que tus hazañas pronto serán tan famosas que **el mundo entero** hablará de ti. Además serás muy bien **recompensado**.

-¿Bien recompensado? ¿**A qué se refiere**? –preguntó el joven.

-Te aseguro que algún día los dos seremos muy ricos.

-¿Muy ricos?

-Seremos ricos y poderosos. ¡**Ya lo verás**!

Y así, tentado por las promesas del viejo, el joven Sancho Panza finalmente aceptó ser su escudero y **cabalgar** con él en busca de aventuras.

-Si aceptas venir conmigo –le dijo Don Quijote a Sancho Panza-, te prometo que yo **te recompensaré**. Te nombraré Rey de alguna de las islas o naciones **que conquistemos**.

Al escuchar aquella oferta, Sancho Panza **se emocionó mucho**.

Y esa misma noche le dijo a su joven esposa que pronto se marcharía con un famoso caballero "**en busca de fama y fortuna**".

ESLC Reading Workbooks Series

"Don Quixote"

DESPUÉS DE LA LECTURA

VOCABULARIO

1-**Vecinos** = neighbours

2-**Sin perder tiempo** = without losing time

3-**Recién-casado** = newlywed

4-**Baja estatura** = short height

5-**Panza** = belly

6-**Hacía honor a su apellido** = honored his last name

7-**Muchacho** = lad (young man)

8-**Labrar la tierra** = work the land

9-**Escasa cultura** = scarse culture

10-**Sensatez** = sanity

11-**Se resistió** = resisted.

12-**El mundo entero** = the whole world

13-**Recompensado** = rewarded

14-¿A qué se refiere? = What do you refer to=

15-¡Ya lo verás! =You will see!

16-Cabalgar = ride

17-Te recompensaré = I will reward you

18-Que conquistemos = that we conquer

19-Se emocionó mucho = got very excited

20-En busca de fama y fortuna = in search of fame and fortune

"Don Quixote"

EJERCICIOS

1.-Completa la oración:

a.-Don Quijote fue a visitar a Sancho Panza, uno de sus más cercanos _____

b.-Sancho Panza era un joven recién casado, de baja ____

c.-"Te aseguro Sancho -dijo Don Quijote- que algún día los dos seremos muy ____"

2.-Responde Verdadero o Falso:

a.-Sancho Panza era un viejo muy honesto y trabajador ____.

b.-Sancho Panza nunca había oído hablar de los caballeros andantes ___.

c.-Sancho Panza finalmente aceptó ser cocinero de Don Quijote____ .

3.-Preguntas de selección múltiple:

Seleccione una única respuesta por cada pregunta:

1.-¿Cómo era Sancho Panza?

a.-Alto y muy flaco.

b.-De baja estatura y con una enorme panza.

c.-Corpulento y musculoso.

d.-Alto y cabezón.

2.-¿Cuál fue la primera respuesta de Sancho Panza cuando Don Quijote le pidió ser su escudero?

a.-Que le gustaba la idea.

b.-Que estaba loco.

c.-Que no quería ser ayudante de su vecino.

d.-Que no tenía caballo.

3.-Don Quijote le dijo a Sancho Pansa que algún día serían:

a.-Olvidados.

b.-Ricos y poderosos.

c.-Comerciantes.

d.-Pastores.

SOLUCIONES CAPÍTULO 2

1.-Completa la oración:

a.Vecinos

b.Estatura

c.Ricos

2.-Responde Verdadero o Falso:

a.-F.

b.-V.

c.-F.

3.-Preguntas de selección múltiple:

1.-b.

2.-c.

3.-b.

III.- COMIENZA LA AVENTURA

POCOS DÍAS DESPUÉS, en horas de la **madrugada**, Don Quijote y Sancho Panza **secretamente** abandonaron sus hogares y juntos se marcharon **en busca de aventuras**.

Viajaron contentos durante todo el día. Y al final de la tarde se alegraron mucho porque ya estaban tan lejos que nadie podría encontrarlos.

Don Quijote llevaba puesta su vieja armadura y montaba sobre su viejo caballo, Rocinante.

-¡Ay, Sancho Panza! –exclamó Don Quijote con una sonrisa-. ¡Estoy más feliz que nunca! **¡Esta será una gran aventura!**

Sancho Panza montaba su pequeño burro y no dejaba de pensar en las promesas de Don Quijote.

-¡**Eso es justamente lo que yo pienso**, mi señor! – dijo Sancho Panza-. ¡**Sin dudas**, ésta será la mejor aventura de nuestras vidas!

Sancho soñaba con llegar a gobernar alguna isla o nación, tal como Don Quijote le había prometido.

Imaginaba cómo sería su vida cuando se convirtiera en rey. Claro, lo primero que haría sería convertir a su esposa en la reina. Luego construiría un enorme y lujoso palacio con grandes torres y murallas.

Con cada paso que el burro daba, a Sancho Panza se le ocurrían nuevas ideas. Y también con cada paso, **su corazón se hinchaba de emoción**.

-Pronto caerá la noche –dijo Don Quijote.

-Así es, mi señor.

-Será mejor que busquemos un castillo para pasar la noche.

-Buena idea, mi señor…

-Dime algo, Sancho: ¿cómo te sientes?

-Muy emocionado, mi señor –dijo **el joven**-. Por favor no olvide que usted prometió regalarme una isla o nación. Si usted cumple con su promesa, **¡le juro que** seré un buen rey!

Don Quijote, sin detener su marcha, le dijo:

-No te preocupes, querido Sancho. Te di mi palabra de caballero y pienso cumplirla.

-Gracias, mi señor.

-Nunca olvides que la palabra de un caballero es **sagrada**.

-**¿Cómo es eso**, mi señor?

-**Pues**, de acuerdo con la **vieja costumbre**, podré nombrar a todos los reyes y gobernadores que yo quiera en las tierras que conquistemos. Y no pienso **romper con la costumbre**. ¡Si tú haces un buen trabajo, te daré mucho más de lo que te prometí!

-Si es así, mi señor, ¡haré el mejor trabajo del mundo! –exclamó Sancho Panza muy contento-. Y también seré el mejor de los reyes… Entonces mi querida esposa, Juana Gutiérrez, será una reina y mis hijos serán príncipes.

-**Así será**, mi buen amigo, **indudablemente** así será –le respondió Don Quijote **sonriendo ampliamente**-. Te aseguro que **honraré mi promesa**, querido Sancho. ¿**Quién puede dudarlo**?

-Disculpe, señor, pero yo mismo lo dudo.

-¿Pero por qué dices eso? ¿Por qué lo dudas?

–Porque jamás pensé que yo llegaría a ser un rey y mi esposa una reina.

-Entonces intenta ser un buen escudero y pídele a Dios que te de lo que mereces.

-¿A Dios?

-Sí, Sancho- **Te aseguro que** si eres un buen escudero, Dios te dará todo lo que le pidas. ¡Ya lo verás!

"Don Quixote"

DESPUÉS DE LA LECTURA

VOCABULARIO

1-Madrugada = dawn

2-Secretamente = secretly

3-En busca de aventuras = in search of adventures

4-¡Esta será una gran aventura! = This will be a great adventure!

5-Eso es justamente lo que yo pienso = That´s just what I think

6-Sin dudas = whithout doubts

7-Su corazón se hinchaba de emoción = his heart swelled with emotion

8-El joven = the young man

9-Le juro que = I sware to you that

10-Sagrada = sacred

11-Cómo es eso = How´s that?

12-Pues = well (as in "you see")

13-Vieja costumbre = old custom

14-Romper con la costumbre = break with the custom

15-Así será = that´s how it will be

16-Indudablemente = undoubtedly

17-Sonriendo ampliamente = smiling widely

18-Honraré mi promesa = I will honor my promise

19-¿Quién puede dudarlo? = Who can doubt it?

20-Te aseguro que = I assure you that

"Don Quixote"

EJERCICIOS

1.-Completa la oración:

a.-Don Quijote y Sancho Panza se marcharon juntos en busca de _____.

b.-Sancho Panza soñaba con ser ____ de alguna isla o nación.

c.-"Nunca olvides que la _____ de un caballero es sagrada"- dijo Don Quijote.

d.-Sancho nunca antes pensó que llegaría a ser un rey y su esposa una _____.

2.-Responde Verdadero o Falso:

a.- Don Quijote y Sancho secretamente abandonaron sus hogares __

b.-Sancho montaba un pequeño burro____

c.-Sancho le juró a Don Quijote que si cumplía con su promesa, sería un buen jardinero____

3.-Preguntas de selección múltiple:

Seleccione una única respuesta por cada pregunta:

1.-Don Quijote y Sancho Panza viajaron durante todo el día:

a.-Bravos.

b.-Contentos.

c.-Aburridos.

d.-Tristes.

2.-Para Don Quijote la palabra de un caballero es:

a.-Mentira.

b.-Sagrada.

c.-Cómica.

d.-Absurda.

3.-Sancho pensó que cuando fuera rey lo primero que haría sería:

a.-Darle comida a los pobres.

b.-Comprarse un lujoso carruaje.

c.-Convertir a su esposa en la reina.

d.-Nombrar a Don Quijote primer ministro.

SOLUCIONES CAPÍTULO 3

1.-Completa la oración:

a.aventuras.

b.rey.

c.palabra.

d reina.

2.-Responde Verdadero o Falso:

a.-V.

b.-V.

c.-F

3.-Preguntas de selección múltiple:

1.-b.

2.-b.

3.-c.

IV.- EL CASTILLO BLANCO

AL ANOCHECER, Don Quijote y Sancho Panza se hallaban cansados y **hambrientos**.

-¡Mire, mi señor! –exclamó Sancho Panza señalando una casona con luces en la distancia-. **¡La suerte está de nuestro lado!**

-¡Parece un castillo! –dijo Don Quijote **apresurando** su marcha-. ¡Vamos!

Al acercarse al lugar, Sancho Panza notó que era una **casona** blanca **en vez de** un castillo. Tenía varios caballos amarrados cerca de la puerta y una columna de humo blanco salía de su **chimenea**.

-Creo que es un hostal, mi señor.

-¿Qué dices, querido Sancho? ¿Un hostal? Por favor, no me hagas reir. ¿No ves que es un hermoso castillo **blanco como la nieve**?

Sancho Panza miró el lugar una vez más. **No había ninguna duda al respecto**. ¡Era un hostal!

-Disculpe, mi señor, pero no parece un castillo…

-¡Jamás contradigas a un caballero! –exclamó Don Quijote, evidentemente molesto-. Recuerda que si no me obedeces no cumpliré mi promesa. **¡No lo olvides!**

Por supuesto, Sancho Panza quería que Don Quijote cumpliera su promesa. ¡Soñaba con convertirse en rey algún día! Así que decidió no decirle **lo que pensaba**.

Al acercarse a la hostal, vieron en la puerta a dos mujeres jóvenes. Habia un Letrero que decía Hostal El Toboso.

Aunque era evidente que eran dos sirvientas del lugar, Don Quijote le dijo a Sancho que eran dos hermosas **princesas**.

¡El pobre viejo imaginaba que todo lo que veía **era justo como en sus libros**!

Al acercarse a la puerta, Don Quijote levantó su vieja lanza y las saludó.

Pero las jóvenes, al ver que el viejo **estaba armado**, se asustaron mucho y salieron corriendo.

Él intentó tranquilizarlas diciendo:

-¡No huyan, Sus Majestades! ¡Soy un noble caballero! ¡**No les haré daño**, mis queridas princesas!

Pero las jóvenes no dejaron de correr.

Cuando oyó que Don Quijote las llamaba princesas, Sancho Panza **no pudo contener la risa**. Y en ese momento, un hombre gordo y calvo salió del hostal y saludó a los dos **viajeros**:

-Buenas noches, señores. ¡Bienvenidos al Toboso! Si buscan comer y una buena cama **llegaron al lugar correcto**.

-Gracias, noble señor –dijo Don Quijote admirando el lugar-. Su castillo es muy hermoso…

-¿Mi castillo? –preguntó el hombre mientras ayudó al viejo a bajar de su caballo.

-¿El lugar no es suyo? –dijo Don Quijote.

-**Claro,** el lugar es mío. Y para cenar podemos ofrecerle una deliciosa **sopa de sardinas** con **pan negro** y **vino**. ¿Qué dicen?

-¡Yo digo que sí! –dijo Sancho Panza saltando de su pequeño burro con alegría-. ¡Estoy más hambriento que nunca!

-Gracias por ayudarme a bajar de mi caballo, señor. Estamos cansados y hambrientos. Soy el caballero andante Don Quijote de las Mancha, **a su servicio**. Y Sancho es mi **fiel** escudero.

-**¿Y qué los trae por aquí?** –preguntó el hombre con curiosidad-. Por aquí no se ven muchos caballeros andantes.

-Cumplimos una misión muy importante –contestó el viejo **inflado de orgullo**-. ¡Andamos en busca de gigantes y dragones!

-¿Gigantes y dragones? –preguntó el hombre **sin poder creerlo**.

-Dígame, buen señor: ¿Usted ha visto alguno por aquí recientemente? –preguntó el viejo.

De inmediato el hombre comprendió que Don Quijote estaba loco. Y para divertirse, le dijo:

-Pues sí, precisamente ayer mi señora y yo vimos unos gigantes, señor caballero. Pasaron muy cerca de nuestra hostal, **quiero decir,** de nuestro castillo. Y luego desaparecieron.

-¿**En qué dirección** se fueron? –preguntó Sancho.

-Se fueron por el Este...

-**No se preocupe por ellos** –dijo Don Quijote-. Mañana mi valiente escudero y yo saldremos en busca de esos gigantes. ¡Le prometo que los mataremos! **Por ahora,** quiero que alimente a mi caballo. Por favor, cuídelo bien. ¡Es el caballo más fuerte del mundo!

El hombre miró al delgado animal y se rascó la cabeza.

Luego de verlo en detalle, se lo entregó al joven que cuidaba los caballos de la clientela.

De inmediato, los dos **recién-llegados** entraron al lugar, donde comieron y **pasaron la noche.**

Mientras cenaron, Don Quijote no dejó de hablar sobre sus futuros planes:

-Entonces, ya está decidido: Mañana, después de nuestro desayuno, marcharemos hacia el Este. Si nos damos prisa, pronto daremos con esos gigantes. ¡Y entonces los mataremos!

Sancho Panza estaba tan emocionado que esa noche soñó que se había convertido en el rey de una poderosa nación y que su numeroso pueblo le aclamaba y aplaudía.

Ambos sabían que la aventura **apenas comenzaba.**

"Don Quixote"

DESPUÉS DE LA LECTURA

VOCABULARIO

1-Hambrientos = hungry

2-¡La suerte está de nuestro lado! = Luck is on our side!

3-Apresurando = hurrying

4-Casona = big house.

5-En vez de = instead of

6-Chimenea = chimney

7-Blanco como la nieve = White as snow

8-No había ninguna duda al respecto = there was no doubt about it

9-¡No lo olvides! = Don't forget!

10-Por supuesto = of course

11-Lo que pensaba = what he was thinking.

12-Aunque = although

13-Princesas = princesses

14-Era justo como en sus libros! = It was just like in his books!

15-Estaba armado = he was armed

16-¡No les haré daño! = I will do you no harm!

17-No pudo contener la risa = could not avoid laughing

18-Viajeros = travelers

19-Llegaron al lugar correcto = you came to the right place

20-Claro = of course

21-Sopa de sardinas = sardine soup

22-Pan negro = black bread

23-Vino = wine

24-A su servici = at your service

25-Fiel = faithful or loyal

26-¿Y qué los trae por aquí? = And what brings you here?

27-Inflado de orgullo = inflated with pride

28-Sin poder creerlo = without being able to believe it

29-De inmediato = immediately

30-Quiero decir = I want to say

31-En qué dirección = in which direction

32-No se preocupe por ellos = don´t worry about them

33-Por ahora = for now

34-Recién-llegados = new comers

35-Pasaron la noche = spent the night

36-Apenas comenzaba = was just beginning

EJERCICIOS

1.-Completa la oración:

a.-Al anochecer, Don Quijote y Sancho Panza se hallaban cansados y _____.

b.-¡Jamás contradigas a un _____! –exclamó Don Quijote.

c.-Aunque eran dos sirvientas, Don Quijote le dijo a Sancho que eran dos hermosas _____.

d.-De inmediato, el dueño del hostal comprendió que Don Quijote estaba _____.

2.-Responde Verdadero o Falso:

a.-Don Quijote y Sancho Panza llegaron al pueblo del Toboso___.

b.-Don Quijote le dijo al hostalero que buscaban dragones ___.

c.-Sancho Panza soñó que se había convertido en un loco___.

3.-Preguntas de selección múltiple:

Seleccione una única respuesta por cada pregunta:

1.-¿Qué pensó Don Quijote que era el hostal?

a.-Un gran circo

b.-Un hermoso castillo

b.-Un enorme granero

c.-Su bella casa

2.-¿Qué les dijo Don Quijote a las jóvenes cuando salieron corriendo?

a.-¡Corran, viene un dragón!

b.-¡No huyan, Sus Majestades! ¡Soy un noble caballero!

c.-¡Vayan rápido y tráiganme comida!

d.-¡Adiós y nunca vuelvan!

3.-¿Cuál dijo Don Quijote que era su misión?

a.-Cantar y bailar

b.-Hacer reír a la gente

c.-Buscar gigantes y dragones.

d.-Cuidar caballos

4.-¿Qué dijo Don Quijote de su caballo?

a.- Que era un burro

b.- Que era el caballo más fuerte del mundo

c. Que era el caballo más feo del mundo

d.-Que era un caballo muy violento

"Don Quixote"

SOLUCIONES CAPÍTULO 4

1.-Completa la oración:

a.hambrientos

b.caballero

c.princesas

d.loco

2.-Responde Verdadero o Falso:

a.-V.

b.-V.

c.-F.

3.-Preguntas de selección múltiple:

1.-b.

2.-b.

3.-c.

4.-b.

V.- DULCINEA DEL TOBOSO

LA SIGUIENTE MAÑANA, después de desayunar en el hostal, Don Quijote vio a una vieja sirvienta, **extremadamente fea**, y al verla **sintió a su corazón hincharse**.

-¡Mira, querido amigo! –dijo el viejo emocionado-. ¡Es la **dama** más bella que he visto en toda mi vida! ¿La ves?

Sancho Panza miró su alrededor y preguntó:

-¿Dónde está esa bella dama, mi señor? ¡No la veo!

-¡Ahí está! ¡De todas las mujeres en este lugar ella es la más hermosa! ¿Cómo es posible que no la veas?

-¿Dónde, mi señor? ¡Todavía no la veo!

-**¡Ahí está!** ¡Cerca de la puerta! –dijo el viejo sin poder ocultar su **repentino nerviosismo**-. ¡Es una **magnifica diosa**!

Sancho Panza miró hacia la puerta y vio a la vieja sirvienta. ¡No podía entenderlo! ¡Aquella no era una magnifica diosa! ¡Era una de las mujeres más feas que él había visto en toda su vida!

-Disculpa, fiel escudero, pero tengo que irme. ¡Debo hacer algo muy importante!

-¿Se marcha, mi señor?

-¡Debo hacerlo! No sé qué me pasa, amigo mío. **¡Nunca me he sentido así!** **¡Mi corazón late** más rápido que nunca y mis manos están **sudando** y **se pusieron frías**! No puedo dejar de admirar su belleza. ¡Debo conocer a esa diosa!

Don Quijote se levantó y sin perder tiempo corrió hacia la sirvienta.

Entonces, **arrodillándose** frente a ella y le dijo:

46

-¡Oh, mi hermosa señora! Permítame presentarme: Soy el caballero Don Quijote de la Mancha y estoy a su servicio...

Todos los presentes voltearon a ver al viejo caballero con curiosidad. ¡No podían creer lo que hacía!

-¿A mi servicio? –preguntó sorprendida la sirvienta sintiendo las miradas de todos sobre ella-. ¿Qué dice?

-Yo digo que **a partir de este momento** estoy completamente a su servicio, mi señora. ¡No puedo dejar de admirar su magnífica belleza!

Al decir esto, **todos los presentes** se rieron fuertemente.

-¡Usted está loco! –exclamó la sirvienta dando un paso para alejarse de él. ¡No me moleste!

Pero el dueño del hostal la tomó por un brazo y **le susurró al oído**:

-También los locos son hijos de Dios, Aldonza. ¡Sobre todo si tienen dinero! Trátalo bien. No olvides que es uno de nuestros clientes. **Y si no**, perderás tu trabajo.

Don Quijote, todavía de rodillas, a ella le dijo:

-Usted tiene razón: Estoy loco, mi señora. ¡Estoy loco de amor!

La sirvienta miró al viejo con incredulidad mientras todos continuaban riendo.

Entonces, colocando su mano sobre el corazón, Don Quijote agregó:

-¡De todas las damas del mundo usted es la más hermosa! Se lo pido, señora, ¡dígame su nombre!

Pero ella se cruzó de brazos y no contestó.

Entonces uno de los clientes intervino y dijo:

-Se llama Aldonza! ¡La vieja Aldonza!

En su locura Don Quijote escucho otro nombre.

-¿Dulcinea? ¿Es ese tu nombre, mi señora? –preguntó el viejo caballero levantándose-. ¡Pero qué nombre tan hermoso! ¡Le hace honor a tu dulzura!

-¡Ay, señor! ¡Usted está loco! ¡Déjeme en paz, por favor!

-Disculpe si la ofendí, mi señora Dulcinea del Toboso. Sólo quiero decirle que estoy a su servicio. ¡Haré todo lo que usted me ordene!

-¿Todo lo que yo le ordene?

-¡Así es, mi bella Dulcinea! ¡Absolutamente todo!

-¡Entonces te ordeno que dejes de molestarme y guardes silencio! —exclamó ella-. ¡Es una orden! ¡Y ahora sal de aquí!

Obedeciendo las órdenes de la vieja sirvienta, Don Quijote se inclinó cortésmente y en silencio abandonó la hostal.

Por supuesto, Sancho Panza salió corriendo detrás de él.

Cuando salieron, el viejo caballero le dijo a su escudero:

-¿Viste lo hermosa que es mi señora? ¡Te lo dije! ¡Ella es la dama más bella de toda la tierra!

-¿Qué piensa hacer, mi señor? No olvide que tenemos una misión…

-¡Nuestra misión tendrá que esperar!

-¿Qué dice, mi señor?

-Por ahora, debo quedarme aquí, como ordena mi bella Dulcinea.

-Pero debemos irnos, mi señor…

-¡Sólo me moveré si mi señora Dulcinea me lo ordena! Y si no lo hace, me quedaré aquí parado durante el resto de mi vida.

-Entonces tendré que hablar con ella, mi señor. Después de todo, alguien debe hacerlo. No olvide que mientras más tarde salgamos más lejos se irán los gigantes.

Diciendo esto Sancho Panza volvió a entrar en la hostal.

Acercándose a la sirvienta, el joven escudero le dijo **nerviosamente**:

-Disculpe, señora, no sé lo que le sucede a mi señor, el caballero. Pero dice que se quedará parado afuera hasta que usted se lo ordene. ¡Le pido que usted nos deje seguir con nuestra marcha!

-No sé quién es usted ni ese loco que dice ser caballero. Y tampoco me interesa. ¡No me moleste!

-Por favor, ayúdeme. ¡Se lo ruego, señora Dulcinea!

-¿Dulcinea? ¡Mi nombre es Aldonza!

-¡Pero mi señor dice que usted se llama Dulcinea del Toboso!

-¡Tu señor es un lunático! ¡Perdió la cabeza!

-Mi noble señor se llama Don Quijote de La Mancha, señora. Y debo decirle que andamos en busca de unos gigantes que fueron vistos cerca de aquí.

-¿Gigantes? ¿Pero qué dices? ¿Tú también estás loco?

-Señora, sólo le pido que le ordene a mi señor que continuemos nuestra marcha. Él dice que si usted no le da permiso para moverse, él permanecerá parado frente al hostal durante el resto de su vida. **¿Le gustaría eso?** Imagine: Cada vez que salga por esa puerta ahí estará mi señor.

-¡Entonces dile que le ordeno que ahora mismo se vaya al mismísimo infierno! ¡Y que más nunca regrese! ¡Y ahora déjame trabajar!

Al ver salir a Sancho Panza de la taberna, el rostro de Don Quijote se iluminó de alegría y enseguida le preguntó:

-¿Qué te dijo mi bella señora Dulcinea del Toboso, mi querido escudero? ¿Ella te dio alguna orden importante para mí?

El joven escudero estuvo a punto de **contarle la verdad**. Pero pensándolo bien, prefirió callar. Y esto fue lo que dijo:

-Mi noble y buen señor, le traigo **espléndidas noticias**. Su hermosa señora Dulcinea del Toboso está muy contenta con su visita. Pero le ordena que ahora mismo salga en busca de esos gigantes y los maté ¡aunque tenga que seguirlos hasta el mismísimo infierno!

-¡Entonces **justo eso haremos**, fiel amigo! **Prometí obedecer** a mi señora. ¡Y un caballero siempre cumple su palabra! Así que… ahora mismo marcharemos hacia el Este en busca de esos gigantes.

Cueste lo que cueste, los mataremos. ¡Y sólo entonces volveremos! ¡Pronto le traeré sus cabezas a la bella Dulcinea del Toboso! **¡Te lo prometo**, Sancho! ¡Ya lo verás!

"Don Quixote"

DESPUÉS DE LA LECTURA

VOCABULARIO

1-**Extremadamente fea** = extremely ugly

2- **Sintió a su corazón hincharse** = felt his hear swell.

3-**Dama** = Lady

4-**¡Ahí está!** = There it is

5-**Repentino nerviosismo** = sudden nervousness

6-**Magnifica diosa** = magnificent queen

7-**¡Nunca me he sentido así!** = I´ve never felt like this!

8-**Mi corazón late** = my heart beats

9-**Sudando** = sweating

10-**Se pusieron frías** = turned cold

11-**Arrodillándose** = kneeling

12-**A partir de este momento** = Ever since that moment

13-**Todos los presentes** = all those present

14-Le susurró al oído = whispered in her ear

15-Y si no = and if not

16-Nerviosamente = nervously

17-¿Le gustaría eso? = Would you like that?

18-Contarle la verdad = tell the truth

19-Espléndidas noticias = splendid news

20-Justo eso haremos = we´ll do just that

21-Prometí obedecer = I promised to obey

22-Cueste lo que cueste = no matter the cost

"Don Quixote"

EJERCICIOS

1.-Completa la oración:

a.-Aldonza era una vieja sirvienta, extremadamente ____,

b.-¡Mi _____ late más rápido que nunca y mis manos están sudando!

c.-¡Usted está loco! –exclamó la sirvienta- ¡No me _____!

d.-Disculpe si la ofendí, mi señora _____ del Toboso

2.-Responde Verdadero o Falso:

a.-¡De todas las mujeres de este lugar usted es la más alta!-dijo Don Quijote___

b.-También los locos son hijos de Dios –dijo el dueño del hostal ___

c.-Mi señor dice que usted se llama Dulcinea del Balde __.

3.-Preguntas de selección múltiple:

Seleccione una única respuesta por cada pregunta:

1.- ¿Qué dijo Don Quijote al ver a la vieja sirvienta del hostal?

a.-¡Es la mujer más fea que he visto!

b.-¡Es la joven más gorda que he visto!

c.-¡Es la dama más bella que he visto!

d.-¡Es la anciana más vieja que he visto!

2.-¿Qué hizo Don Quijote cuando estuvo frente a la sirvienta?

a.-Se arrodilló frente a ella y se presentó muy galantemente.

b.-Salió corriendo asustado de lo fea que era.

c.-Se burló de ella.

d.-Se desmayó de la impresión.

3.-¿Qué le dijo la vieja sirvienta a Don Quijote?

a.-¡Me siento elogiada con sus palabras!

b.-¡Usted es muy simpático!

c.-Señor, ¿quiere ser mi esposo?

d.-¡Usted está loco!... ¡No me moleste!

SOLUCIONES CAPÍTULO 5

1.-Completa la oración:

a.Fea

b.Corazón

c.Moleste

d.Dulcinea

.

2.-Responde Verdadero o Falso:

:

a.-F.

b.-V.

c.-F.

3.-Preguntas de selección múltiple:

1.-c.

2.-a.

3.-d.

VI.- EL SEÑOR DE LOS LEONES

DURANTE VARIAS HORAS, Don Quijote y Sancho Panza avanzaron hacia el Este sin parar.

¡Esperaban alcanzar **muy pronto** a los gigantes!

A mitad de mañana, después de recorrer un largo camino llegaron a una encrucijada. Entonces vieron venir un enorme **carruaje** con **banderas reales**.

Al verlo, Don Quijote se sorprendió mucho y exclamó:

-¡Mira, Sancho! ¡Es el carruaje del rey!

-¿El rey?

-¡Lleva banderas reales! ¡Míralas! ¿Crees que sea el rey en persona?

-¡Qué emocionante! **¡Somos tan afortunados!**

Cabalgando a toda prisa, el viejo caballero se acercó y **enseguida** le preguntó al joven conductor si el rey venía en el carruaje.

-Su Majestad no viene conmigo –respondió el joven-. **Me está esperando** en su Castillo de verano. Debo llegar en dos días.

-¿Qué dices, jovencito? ¿El rey te espera? ¿Y puedes decirme de dónde vienes?

-Vengo del Sur, de tierras distantes. Y le traigo un valioso regalo.

-¿Un regalo para el rey? –preguntó Don Quijote con curiosidad, colocándose **justo frente al** carruaje para **impedirle el paso**.

-Eso es correcto –respondió el joven conductor.

-¡Qué interesante! —exclamó Sancho Panza-. ¡Un regalo para Su Majestad! ¿Puedes decirnos qué es?

-Lo siento, pero de mi boca no saldrá una sola palabra. Eso es **todo lo que puedo decirles**. Y ahora, señores, les pido que me dejen pasar. ¡Necesito continuar mi viaje!

Inesperadamente, Don Quijote tomó su larga lanza y amenazó al joven conductor. Y **levantando una ceja**, le preguntó **subiendo su voz**:

-¿Conoces las leyes de la caballería, jovencito? ¿Olvidas que por no colaborar con un noble caballero puedes **parar en la cárcel**? Así que cuéntanos o ahora mismo te capturaré y serás mi prisionero. Personalmente te llevaré al Castillo del rey y te encerrarán en el calabozo por desobedecer las leyes. **¿Ese eso lo que quieres?**

El conductor del carruaje no conocía bien las leyes. Y mucho menos las leyes de caballería. Así que sin saber si aquello era verdadero o falso, decidió decir la verdad:

-Está bien, señor caballero, está bien. ¡Se lo diré!: Traigo dos feroces leones africanos. Están encerrados en una fuerte jaula, en la parte de atrás del carruaje. Se los llevó al rey como regalo del general Orán.

-¿Dos feroces leones? –preguntó Sancho Panza-. ¡Dios mío! ¡Qué miedo!

-No temas, querido Sancho. No te pasará nada mientras estés con este caballero.

-**Tengo prisa**, señores, y ya les conté todo –agregó el conductor-. Así que apártense del camino, por favor… **¡No tengo tiempo que perder!**

-No tan rápido, jovencito. Primero quiero ver esos leones – **exigió** Don Quijote.

-Mi señor quiere ver los leones –dijo Sancho Panza sacando su pequeño cuchillo y **mirándolo a los ojos**-. ¿No lo escuchaste, muchacho? **¡Mejor será que obedezcas!**

-¡Les exijo que me dejen pasar! ¡El rey me espera! Además, los leones no han comido y están muy hambrientos. **¡No quiero ningún problema!**

Don Quijote presionó la punta de su lanza ligeramente contra el pecho del joven y le ordenó que se bajara de inmediato del carruaje y les mostrara la jaula.

Al verse amenazado, el joven conductor levantó los brazos y se bajó del carruaje, **obedeciendo sin discusión**.

Abriendo **la puerta trasera** del carruaje, dejó ver la jaula con los dos leones **cautivos** en su interior. El más pequeño dormía mientras que el más grande daba vueltas.

¡Ay, señor! —exclamó Sancho Panza al ver las peligrosas fieras-. **¡Tengo miedo!**

Al ver la puerta abierta, uno de los leones **rugió** con fuerza y el pobre escudero **de un salto** se escondió detrás del **delgado** caballero.

-¿Qué haces, querido amigo? ¿Por qué le temes a ese par de **mininos**? ¿No ves que son **inofensivos**?

-¿Inofensivos? **¿Usted realmente cree eso?** —preguntó el conductor del carruaje.

-¡Esos pobres leones no son nada! Comparados con los gigantes que nosotros perseguimos son sólo un par de **gaticos**! —explicó Don Quijote-. **¡Yo no les tengo miedo!**

-¡Yo sí les tengo miedo, mi señor! —exclamó Sancho Panza-. ¡Y mucho! ¿Usted no?

-Ya dije que no les tengo miedo. Y para demostrárselos, ¡me enfrentaré a ellos!

-¿Qué hace, mi señor?

-¡Me enfrentaré a esos leones! Así que abra la jaula de inmediato, joven conductor! ¡Es una orden!

-**¿Está loco?** Si yo abro la jaula **se lo comerán vivo**...

Pero Don Quijote insistió y amenazando al joven conductor con su lanza finalmente lo obligó a abrir las puertas de la jaula.

El león que antes había rugido asomó su cabeza amenazante. Pero al ver a Don Quijote apuntándolo con su lanza, el animal se acostó en la jaula, al lado del otro, ignorándolo completamente.

-¿Lo vieron? ¡Obligué al león a meterse en su jaula! –exclamó Don Quijote con voz **triunfante,** levantado su lanza con una amplia sonrisa-. **¡Nadie puede negarlo!** ¡Soy el caballero más feroz del mundo! **¡Hasta los leones me tienen miedo!**

A partir de ese momento el viejo caballero se sintió invencible.

Entonces obligó al joven conductor a **alabar** a su amada señora, Dulcinea del Toboso.

También lo obligo a **jurar** que le contaría al rey y a **todos** sobre aquella inolvidable y valiente **hazaña** del célebre Don Quijote de La Mancha, **Señor de Leones**.

DESPUÉS DE LA LECTURA

VOCABULARIO

1-**Muy pronto** = very soon

2-**Carruaje** = carriage

3-**Banderas reales** = royal flags

4-**¡Somos tan afortunados!** = We are so fortunate!

5-**Enseguida** = at once

6-**Me está esperando** = is waiting for me

7-**Justo frente al** = just in front of

8-**Impedirle el paso** = block his path.

9-**Todo lo que puedo decirles** = all I can tell you

10-**Inesperadamente** = unexpectedly

11-**Levantando una ceja** = raising an eyebrow

12-**Subiendo su voz** = raising his voice:

13-**Parar en la cárcel** = end-up in jail

14-¿Es eso lo que quieres? = Is that what you want?

15-Tengo prisa = I'm in a hurry

16-¡No tengo tiempo que perder! = I don't have time to lose

17-Exigió = demanded

18-Mirándolo a los ojos = staring into his eyes

19-¡Mejor será que obedezcas! = you better obey

20-¡No quiero ningún problema! = I don't want any problems

21-Obedeciendo sin discusiones = obeying without discussions

22-La puerta trasera = the back door

23-Cautivos = captive

24-¡Tengo miedo! = I'm scared

25-Rugió = roared

26-**De un salto** = with a jump

27-**Delgado** = skinny

28-**Mininos** = felines

29-**Inofensivos** = inoffensive

30-**¿Usted realmente cree eso?** = ¿Do you realy believe that?

31-**Gaticos** = kittens

32-**¡Yo no les tengo miedo!** = I am not afraid of them!

33-**¿Está loco?** = Are you crazy?

34-**Se lo comerán vivo** = They´ll eat you alive…

35-**Triunfante** = triumphant

36-**¡Nadie puede negarlo!** = No one can deny it!

37-**¡Hasta los leones me tienen miedo!** = Even the lions are afraid of me!

38-Alabar = praise

39-Jurar = swear

40-Todos = everyone

41-Hazaña = feat

42-Señor de Leones = Lord of Lions.

"Don Quixote"

EJERCICIOS

1.-Completa la oración:

a.-Don Quijote y Sancho Panza esperaban alcanzar a los ____

b.-Don Quijote le preguntó al conductor si el ____ venía en el carruaje.

c.-El conductor del carruaje dijo: Traigo dos feroces ____ africanos.

2.-Responde Verdadero o Falso:

a.-Sancho y Don Quijote vieron venir un carruaje con banderas reales __

b.-El conductor dijo que el rey lo esperaba en su castillo de invierno __

c.-Sancho tuvo miedo cuando supo que habían dos leones en el carruaje __

d.-El león atacó a Don Quijote __

3.-Preguntas de selección múltiple:

Seleccione una única respuesta por cada pregunta:

1.-¿Qué le dijo Don Quijote a Sancho cuando vio venir el carruaje con banderas reales?

a.-¡Mira Sancho! Es el carruaje del carpintero.

b.-¡Mira Sancho! Es el carruaje del rey.

c.-¡No mires Sancho! Es el carruaje del campesino.

d.-¡Corre Sancho! Es el carruaje del heladero.

2.-¿Cuál era el regalo que le llevaban al Rey?

a.-Una cesta de frutas

b.-Un elefante

c.-Dos feroces leones

d.-No le llevaban ningún regalo

3.- Sancho al oír el rugido los leones se escondió detrás del:

a.-Caballero

b.-Carruaje

c.-Gigante

d.-Heladero

SOLUCIONES CAPÍTULO VI

1.-Completa la oración:

a. gigantes

b. rey

c. Leones

2.-Responde Verdadero o Falso:

a.-V.

b.-F.

c.-V.

d. F

3.-Preguntas de selección múltiple:

1.-b.

2.-c.

3.-a.

VII.- LA NUBE DE POLVO

POCO ANTES DEL MEDIODÍA, Don Quijote y Sancho Panza llegaron a una lejana **pradera**. Ahí decidieron descansar **durante un rato**.

Mientras bebían agua de sus cantimploras, el joven escudero le preguntó al viejo caballero:

-Todavía no puedo creer que usted dominara solo a ese león, mi señor. ¡Jamás lo olvidaré!

-**No fue nada**, querido escudero. Nosotros los caballeros andantes estamos acostumbrados a luchar contra enemigos mucho más grandes y poderoso, como los dragones y gigantes...

-Tiene razón, mi señor. Y hablando de gigantes, ¿usted cree que pronto los alcancemos?

-Todo es posible, Sancho. Pero no olvides que ellos tienen las piernas muy largas. Cada paso que ellos dan equivale a muchos pasos nuestros.

-¡Vaya! ¡No lo había pensado! ¿Entonces nunca los alcanzaremos?

-¡No seas pesimista, Sancho! Al igual que nosotros, los gigantes también descansan y duermen durante las noches. Además, es posible que decidan regresar. En cualquier caso, estaremos preparados para enfrentarlos.

-Y ahora sigamos nuestro camino. **Pase lo que pase,** debemos continuar.

-¡Sí mi señor!

-No olvides las **órdenes** que en el castillo me dio mi señora: Mi **sagrado deber** de caballero es ir en busca de esos gigantes, encontrarlos y matarlos ¡aunque tenga que seguirlos hasta el mismísimo infierno! **¿No es lo que ella ordenó?**

Sancho Panza **se mordió la lengua.**

No se atrevía a confesarle la verdad a Don Quijote.

-¿Y qué hay de mi reino? –preguntó.

"Don Quixote"

-Te prometo que cuando matemos a esos gigantes, dejaré que te quedes con todas sus prendas y cosas de valor. ¡Ya sabes cómo les gusta el oro a los gigantes!

-¿A los gigantes les gusta el oro, mi señor?

-¡El oro les gusta mucho! Una vez escuché hablar de un gigante que tenía un arpa de oro y grandes tesoros en su castillo.

-¿Qué dice, mi señor? ¿Los gigantes también tienen castillos?

-Claro que tienen castillos. Pero sólo en su reino. Si no logramos alcanzar a esos gigantes en el camino, iremos a buscarlos en su reino. Estoy seguro que a eso se refería mi amada señora Dulcinea.

En ese momento escucharon lo que parecía ser un trueno y en el camino vieron una enorme nube de polvo viniendo de lejos.

-¡Mira, Sancho! ¡Los gigantes!

Aunque ninguno de los dos podía ver algo más que la enorme nube de polvo, sabía que algo muy grande la producía.

Sólo una vez, cuando era niño, Don Quijote había visto una nube de polvo tan grande.

Fue la única vez que viajó con su padre, quien era mercader, y lo llevó a conocer la ciudad del rey.

Primero vino la inmensa nube.

Y luego, al acercarse, de la nube salió un ejército completo.

Eran miles de soldados. Recorrían uno de los caminos principales del reino. Con su marcha levantaban aquella gigantesca nube de polvo...

-¡**Caramba**! –dijo Sancho Panza-. ¿Y ahora qué hacemos, mi señor?

-Parece un ejército de gigantes, amigo mío.

-¡Vienen directo hacia nosotros, mi señor!

-No te preocupes, mi buen amigo. ¡Yo te defenderé de esos gigantes!

-¿Usted?

-Por supuesto que yo... ¿No me enfrenté yo solo a dos feroces leones? ¿Y no salí victorioso?

-Sí mi gran señor, pero...

-¡No te preocupes! –dijo interrumpiendo a Sancho-. Si vencí a esos leones también venceré a los gigantes. Sólo hace falta mi fuerte brazo y mi **ingenio** para derrotarlos. ¡Les cortaré sus cabezas y se las llevaré a mi bella Dulcinea! ¡Ya lo verás!

DESPUÉS DE LA LECTURA

VOCABULARIO

1-Pradera = meadow

2-Durante un rato = for a while.

3-No fue nada = it was nothing

4-Pase lo que pase = whatever happens

5-Órdenes = orders

6-Sagrado deber = sacred duty

7-¿No es lo que ella ordenó? = Isn't that what she ordered?

8-Se mordió la lengua = bit his tongue

9-¡Caramba! = Spanish expression of surprise or worry

10-Ingenio = genius (as in witt)

"Don Quixote"

EJERCICIOS

1.-Completa la oración:

a.-Don Quijote y Sancho Panza llegaron a una lejana ____, donde descansaron.

b.-Mi sagrado _____ de caballero es ir en busca de esos gigantes.

c.-"Si vencí a esos leones también venceré a los _____", dijo Don Quijote

2.-Responde Verdadero o Falso:

a.-Sancho no podía creer que Don Quijote hubiera dominado al león __

b.-Don Quijote dijo: "Los caballeros estamos acostumbrados a jugar" __

c.-Los gigantes no descansan ni de noche ni de día __

3.-Preguntas de selección múltiple:

Seleccione una única respuesta por cada pregunta:

1.-¿Qué dijo Don Quijote cuando Sancho le preguntó si alcanzarían a los gigantes?

a.- Jamás podremos alcanzarlos

b.- Claro. Recuerda que ellos gatean.

c.- Todo es posible. Pero no olvides que ellos tienen las piernas muy largas.

d.-Imposible. Recuerda que ellos vuelan.

2.-Según Don Quijote ¿qué le ordenó Dulcinea?

a.-Buscar a los leones y peinarlos

b.-Ir a invernar con los osos

c.-Buscar a los gigantes, encontrarlos y matarlos

d.-Buscar a los gigantes y darles de comer

3.-¿Qué era, según Don Quijote, la enorme nube de polvo?

a.-Abejas asesinas

b.-Un ejército de gigantes

c.-La contaminación

d.-Un tornado

SOLUCIONES CAPÍTULO 7

1.-Completa la oración:

a.pradera.

b.deber

c.gigantes.

2.-Responde Verdadero o Falso:

a.-V.

b.-F.

c.-F.

3.-Preguntas de selección múltiple:

1.-c.

2.-c.

3.-b.

VIII.- El REBAÑO DE CORDEROS

TOMANDO SU LARGA LANZA y montando su caballo, Don Quijote **valientemente** cabalgó hacia la gran nube de polvo a toda velocidad.

Segundos después, gritando enfurecido sobre Rocinante, el viejo caballero desapareció entre el denso polvo…

¡Sancho Panza no podía creerlo!

¡Su señor pelearía contra los gigantes completamente solo!

Pero los dos estaban a punto de descubrir que **no todo lo que brilla es oro**.

En vez de un ejército de gigantes, ¡aquello era un **rebaño de corderos**!

Don Quijote luchó como loco contra los pobres animales.

¡En pocos segundos mató a siete!

Al ver lo que el viejo hacía, los **pastores** que cuidaban a los corderos se enfurecieron y le lanzaron una lluvia de palos y piedras.

Una piedra le rompió un diente y otra le dio en la cabeza.

Entonces el viejo atacó a uno de los pastores con su lanza y todos los demás huyeron **aterrorizados**.

Al escapar, los pastores dejaron los corderos muertos y otras cosas en el camino.

Y Sancho, por supuesto, enseguida corrió y **las tomó.**

Y así, después de una larga y **tediosa** mañana, los dos se sentaron bajo un frondoso árbol **ese mediodía.**

Sin decir una palabra, **prepararon la comida** y **almorzaron juntos** en medio de aquella distante y solitaria pradera.

¡Ninguno de los dos se atrevía a pronunciar una sola palabra!

"Don Quixote"

DESPUÉS DE LA LECTURA

VOCABULARIO

1-**Valientemente** = bravely

2-**No todo lo que brilla es oro** = not everything that glitters is gold.

3-**Rebaño de corderos** = herd of lambs

4-**Pastores** = shepherds

5-**Aterrorizados** = terrorized or in terror.

6-**Las tomó** = took them

7-**Y así** = and so

8-**Tediosa** = tedious

9-**Ese mediodía** = that noon

10-**Prepararon la comida** = prepared meal

11-**Almorzaron juntos** = had lunch together

EJERCICIOS

1.-Completa la oración:

a.-Don Quijote cabalgó hacia la gran nube de _____ a toda velocidad.

b.-Una piedra le rompió un _____ y otra le dio en la cabeza

c.-¡Ninguno de los dos se atrevía a pronunciar una sola _____!

2.-Responde Verdadero o Falso:

a.-¡No todo lo que brilla es plata! _____

b.-La nube de polvo era una manada de elefantes ___

c.-Los pastores le lanzaron una lluvia de palos y piedras ___

3.-Preguntas de selección múltiple:

Seleccione una única respuesta por cada pregunta:

1.-La enorme nube de polvo realmente era:

a.- Un rebaño de corderos

b.-Un ejército de gigantes

c.-Mil camellos

d.-Varios carruajes

2.-¿Qué daño ocasionaron las piedras lanzadas a Don Quijote?

a.-Una le golpeó el brazo y la otra le rompió la pierna

b.-Una le rompió un diente y otra le dio en la cabeza

c.-Una le pegó a Rocinante y la otra a Sancho

d.-No le lanzaron piedras

3.-¿Cuántos corderos mató Don Quijote?

a.-Tres mil

b.-Uno

c.-Siete

d.-Ninguno

SOLUCIONES CAPÍTULO 8

1.-Completa la oración:

a.polvo

b.diente

c.palabra

2.-Responde Verdadero o Falso:

a.-F.

b.-F.

c.-V.

3.-Preguntas de selección múltiple:

1.-a.

2.-b.

3.-c.

IX.- CONTRA BRUJOS Y GIGANTES

DURANTE TODA LA TARDE, mientras marcharon **en vano** hacia al Este, en busca de los **supuestos** gigantes, ninguno de los dos rompió el silencio.

Desilusionado, Sancho pensaba en decirle a Don Quijote toda la verdad sobre su señora Dulcinea y sus supuestas órdenes.

No entendía por qué el viejo decía que aquella mujer era en realidad una hermosa dama. Y tampoco entendía cómo podía confundir un hostal con un castillo.

¿Sería verdad que el viejo estaba loco?

¿Entonces sería mentira que algún día le daría las tierras prometidas y lo nombraría rey?

¿Cómo saberlo?

De tantas preguntas y tanto silencio, ¡el pobre Sancho Panza estaba más confundido que nunca!

Sin embargo, al final de la tarde algo inesperado sucedió. Y entonces su confusión desapareció por completo.

Todo comenzó cuando Don Quijote, mientras marchaban, acercó su caballo al burro de su escudero y decidió **romper el hielo**:

-¿Sabes, Sancho? He estado pensando. Y ahora finalmente comprendo todo lo que sucedió. ¡**Al fin lo entiendo**!

-¿Qué es lo que entiende, mi señor? ¿A qué se refiere?

Sancho pensó que su señor iba a admitir que se había imaginado todo y que se había equivocado.

Pero el joven escudero jamás estuvo más equivocado.

-Quiero que sepas que ahora **más que nunca** debemos tener mucho cuidado- le dijo Don Quijote bajando la voz-. Mi conclusión es que los gigantes evidentemente se aliaron con un poderoso brujo.

-¿Un brujo? ¿Por qué lo dice, mi señor?

-Todo lo indica, querido Sancho –dijo frenando su caballo-. Si no es así, ¿cómo explicas que los gigantes se convirtieron en corderos?

-¿Pero qué dice, mi señor? –preguntó Sancho deteniendo su pequeño burro.

-¡Digo que estamos en problemas!

-¿En problemas? ¿Y por qué, mi señor?

-Porque sólo un poderoso brujo es capaz de convertir un ejército de gigantes en un rebaño de corderos por obra de magia.

-¿Usted realmente cree que **eso fue lo que pasó**?

-¡Lo vi con mis propios ojos, amigo Sancho!

-¿Qué cosa vio exactamente, mi señor?

-Te lo diré: Mientras cabalgaba hacia aquella nube de polvo, vi las **siluetas** de los gigantes, ¡incluso algunas cabezas y rostros! Y cuando entré en ella, mientras más yo avanzaba, más gigantes vi a través del polvo.

-¿**En serio**, mi señor?

-¡Jamás debes dudar de la palabra de un caballero! Te aseguro que conté una docena de gigantes. Y entonces los insulté gritando con todas mis fuerzas y les dije que los mataría.

-¡Qué valiente, mi señor! —exclamó Sancho Panza imaginando todo-. ¿Es verdad lo que usted dice? ¿Eso hizo y eso vio?

-¡Te dije que no dudes de mi palabra! —afirmó el viejo-. A través del polvo vi las siluetas de al menos doce gigantes ¡Te lo aseguro en nombre de mi amada la bella Dulcinea del Toboso! ¿Quieres que te cuente lo que entonces sucedió?

-¡Por favor siga, mi señor! —pidió Sancho emocionado-. ¡Necesito escuchar el resto de la historia!

-Como te dije vi la silueta de doce enormes gigantes a través del denso polvo. Por supuesto, no pude verlos tan claramente como ahora te veo a ti, amigo mío. Después de todo, ellos y yo estábamos dentro de la nube de polvo.

-Lo entiendo, mi señor. Por favor siga…

-Ahora viene la parte que antes no entendía: Yo les grité a los gigantes cuando vi sus siluetas a través del polvo. Pero un instante después sucedió algo inexplicable: ¡Ante mis ojos, los doce gigantes se convirtieron en un rebaño de corderos! ¡Casi tumban al gran Rocinante! ¿Quién será el poderoso brujo capaz de tal **prodigio**?

Al escuchar su **incoherente** explicación, las dudas de Sancho Panza de repente regresaron con más fuerzas que nunca.

¿Y si el pobre viejo estaba **imaginando todo**?

¿Y si en realidad los gigantes no existían, como dice mucha gente?

¿Y si era verdad que el viejo estaba loco y "sólo veía lo que quería ver"?

Sin pensarlo dos veces, Sancho Panza finalmente **se atrevió a mencionar** sus dudas:

-¿Está usted seguro que los gigantes existen, mi señor?- preguntó el escudero **temerosamente**-. ¿No serán producto de la imaginación y la fantasía?

-¿**Por qué lo dices**, Sancho?

-Porque mucha gente no cree en gigantes. ¡**Aseguran** que no existen! Y como usted sabe, a veces la imaginación puede traicionarnos...

-Es cierto, amigo Sancho-. A veces la imaginación puede traicionarnos. Como por ejemplo a ti justo en este momento.

-¿A mí?

-Debes confiar en mí, Sancho. En esto de gigantes hay muchas opiniones. Pero sólo hay una verdad. Y la Biblia la demuestra.

-¿La Biblia? —preguntó Sancho sin entender.

-**¿De qué mundo eres**, Sancho? ¿Acaso no has leído la Biblia? Las Sagradas Escrituras no pueden fallar.

-¿Qué dice la Biblia, mi señor?=

-Dice que los gigantes son reales y realmente existen.

-¿En serio? **¿Eso dice?**

-¿No has oído hablar de David y Goliat? Pues, David era un joven pastor y Goliat era un **temible** gigante. Tenía siete codos y medio de altura, que es una inmensa medida. ¡Y no lo digo yo! **¡Lo dice la Biblia!**

-Mi padre siempre decía que si lo dice la Biblia **no vale la pena discutirlo** –dijo Sancho-. Así que **no volveré a dudarlo mientras viva**.

"Don Quixote"

DESPUÉS DE LA LECTURA

VOCABULARIO

1-En vano = in vain

2-Supuestos = supposed or alleged

3-Romper el hielo = break the ice

4-¡Al fin lo entiendo! = At last I understand it!

5-Más que nunca = more tan ever

6-Eso fue lo que pasó = that's what happened

7-Siluetas =silouettes

8-En serio = seriously

9-Prodigio = prodigy

10-Incoherente = incoherent

11-Imaginando todo = imagined everything

12-Se atrevió a mencionar = he or she dared to mention

13-Temerosamente = fearfully

14-Por qué lo dices = why do you say it

15-Aseguran = assure

16-De qué mundo eres = which world are you from

17-¿Eso dice? = Is that what it says?

18-Temible = fearful

19-¡Lo dice la Biblia! = The Bible says so!

20-No vale la pena discutirlo = It's not worth arguing about it

21-No volveré a dudarlo mientras viva = I won't ever doubt it again as long as I live

"Don Quixote"

ACTIVIDADES

1.-Completa la oración:

a.-Sancho pensaba decirle a Don Quijote toda la ____sobre su señora Dulcinea

b.-La conclusión de Don Quijote era que los gigantes se aliaron con un poderoso _____

c.-A través del polvo, Don Quijote vio las siluetas de al menos ___ gigantes

2.-Responde Verdadero o Falso:

a.-Según Don Quijote sólo un poderoso brujo podía convertir un ejército de gigantes en un rebaño de corderos ____

b.-"Siempre debes dudar de la palabra de un caballero", dijo Don Quijote ___

c.-Ante los ojos de Don Quijote, los doce gigantes se convirtieron en un rebaño de perros lobos ___

d.-La biblia dice que David era un joven pastor y Goliat era un temible gigante___

3.-Preguntas de selección múltiple:

Seleccione una única respuesta por cada pregunta:

1.-Sancho no le dijo a Don Quijote la verdad sobre:

a.-Su hija y la sirvienta que la cuidaba

b.-Sus finanzas

c.-Su señora Dulcinea y sus supuestas órdenes.

d.-El secreto de su armadura mágica

2.-¿Qué fue lo que Don Quijote pensó sobre los gigantes?

a.- Que se tomaron una píldora y se quedaron dormidos

b.- Que un poderoso brujo los convirtió en corderos

c.- Que se convirtieron en pájaros

d.-Que todo fue su imaginación

3.-Según Don Quijote ¿qué dice la biblia sobre los gigantes?

a.-Son ángeles caídos del cielo

b.-Los gigantes son mentira

c.-Los gigantes son reales

d.- La biblia no habla nada al respecto

4.-¿Cuánto media el gigante Goliat?

a.-Siete codos y medio de altura

b.-Tres metros

c.-0,5 millas

d.-10 metros

SOLUCIONES CAPÍTULO 9

1.-Completa la oración:

a. verdad

b. brujo

c. doce

.

2.-Responde Verdadero o Falso:

a.-V.

b.-F.

c.-F.

d.V

3.-Preguntas de selección múltiple:

1.-c.

2.-b.

3.-c

4.-a

X.- LA BATALLA DE LOS MOLINOS

POCOS MINUTOS DESPUÉS, nuestros dos célebres aventureros **arribaron a** un vasto y florido campo en el que había treinta o cuarenta grandes molinos de viento.

Don Quijote **se alarmó** al verlos y enseguida preguntó:

-¿**Ves lo que yo veo**, Sancho Panza?

-¿Qué se supone que **usted ve y yo debería ver**, mi señor?

-¡**No puedo creerlo**! ¡Hay varias docenas de gigantes ante nosotros!

-¿Varias docenas, mi señor?

-¡**Eso dije**! ¡Mi sagrado deber es matarlos enseguida! ¡Lo haré por mi señora Dulcinea!

-¿Cuáles gigantes? –preguntó Sancho Panza **mirando a su alrededor** sin poder verlos-. ¿Dónde están?

-¡Están en ese campo frente a nosotros! -respondió Don Quijote-. ¿No los ves? ¿Cómo es posible? ¡Tienen los brazos más largos que he visto en toda mi vida!

-Disculpe, mi Señor -respondió Sancho tímidamente-, pero yo no veo ningunos gigantes... ¡Yo sólo veo **molinos de viento**!

-¿Molinos de viento? ¿Pero qué dices?

-Eso veo, mi señor. ¡Se lo juro! Sólo veo molinos de viento. Y eso que parecen sus brazos sólo son aspas girando con el viento.

-¿Estás loco, Sancho? ¿No ves que son gigantes? ¿Será que ese poderoso mago te embrujó y ya no te deja ver la verdad? ¿O será que simplemente tienes miedo?

-¿Miedo yo? –dijo temblando.

-En cualquier caso, querido amigo, mejor apártate y ponte a rezar. ¡No necesito que alguien me ayude! ¡Pelearé solo contra los gigantes!

Y, diciendo esto, Don Quijote clavó sus espuelas en el costado de Rocinante y se alejó de prisa sin escuchar las advertencias del pobre Sancho.

Y así, ignorando a su fiel escudero, el viejo corrió velozmente hacia los molinos de viento creyendo que eran verdaderos gigantes.

-¡En nombre de Dios y la Justicia! –gritó **furiosamente** el viejo caballero al acercarse a los molinos-. ¡Los reto a muerte, **criaturas despreciables**! ¡Prepárense para morir en manos del más grande caballero de toda la historia: el célebre Don Quijote de la Mancha!

Justo en ese momento, el viento sopló muy fuerte y las enormes aspas de los molinos comenzaron a girar.

Al ver su movimiento, Don Quijote exclamó:

-**¡Malditos gigantes**! Aunque muevan sus brazos como lo hizo el gigante Goliat, ¡cortaré sus cuellos, uno a uno! ¡Ya lo verán!

Diciendo esto, levantó su lanza y embistió a todo galope al primer molino que estaba en su camino.

Por desgracia, al clavar su lanza en el aspa, el viento la hizo girar con tanta fuerza que ésta se hizo pedazos, lanzando lejos tanto al caballo como al supuesto caballero andante, los cuales rodaron lastimosamente por el campo.

Sancho Panza corrió lo más rápido que pudo con su **asno** y al acercarse encontró que Don Quijote estaba muy aporreado y no podía ni moverse.

-¡Dios mío! —exclamó el pobre Sancho saltando del burro para ayudarle -. ¿No le dije que tuviera cuidado, mi señor, y que sólo eran molinos de viento?

-¡Cállate, Sancho, por el amor de Dios! —gritó Don Quijote-, Te aseguro que realmente son gigantes... Evidentemente, el poderoso hechicero que antes mencioné los transformó en molinos por obra de magia...

-¿Eso cree, mi señor?

-¿Cuándo vas a aprender a confiar en mí? ¡Si quieres que te regale un reino, como te prometí, debes ser un buen escudero! ¡Así que **no discutas**!

-Está bien, mi señor. Admito que hoy **aprendí la lección**. Desde ahora seré un buen escudero y no discutiré. ¡No dudaré de lo que usted diga o haga! **¡Confiaré ciegamente en usted!**

-Eso me hace muy feliz, Sancho Panza, gracias de verdad. Te doy mi palabra de caballero: Yo siempre te protegeré y daré todo por ti. Y no olvides que mi palabra es tan fuerte como el acero y mi ingenio tan brillante como el sol.

-Le prometo que **jamás lo olvidaré**, mi señor...

-Recuerda siempre **a quién le sirves**, mi querido Sancho: Le sirves al caballero andante más famoso del mundo: el célebre y legendario Don Quijote de la Mancha. ¡Así que **sígueme**, mi amigo escudero! ¡Nuestras aventuras **apenas comienzan**!

"Don Quixote"

DESPUÉS DE LA LECTURA

VOCABULARIO

1-Arribaron a = arrived to

2-Se alarmó = was alarmed

3-Ves lo que yo veo = do you see what I see

4-Usted ve y yo debería ver = you see and I should see

5-¡No puedo creerlo! = I can't believe it!

6-¡Eso dije! = That's what I sad!

7-Mirando a su alrededor = looking around him

8-Molinos de viento! = windmills!

9-En cualquier caso = in any case

10-Furiosamente = furiously

11-Criaturas despreciables = despisable creatures

12-¡Malditos gigantes! = Damned giants!

13-Asno = ass or donkey

14-No discutas = don't argue

15-Aprendí la lección = I've learned the lesson

16-¡Confiaré ciegamente en usted! = I will blindly trust you!

17-Jamás lo olvidaré = I will never forget

18-A quién le sirves = who you serve

19-Sígueme = follow me

20-Apenas comienzan = barely begin

"Don Quixote"

EJERCICIOS

1.-Completa la oración:

a.-Don Quijote y Sancho vieron treinta o cuarenta grandes _____ de viento.

b.-¡Esos gigantes tienen los _____ más largos que he visto! — dijo Don Quijote

c.-"Yo sólo veo molinos de _____", dijo Sancho Panza

2.-Responde Verdadero o Falso:

a.-¡Hay varias docenas de gigantes ante nosotros!- dijo Don Quijote____

b.-Aunque el viento sopló muy fuerte las aspas de los molinos no se movían__

c.-Al clavar la lanza en el aspa, el viento la hizo girar con tanta fuerza que se hizo pedazos ___

d. El poderoso hechicero transformó a los gigantes en osos ___

3.-Preguntas de selección múltiple:

Seleccione una única respuesta por cada pregunta:

1.- Según Don Quijote los gigantes del campo:

a.- Tenían los brazos largos

b.-Tenían tres ojos

c.-No tenían brazos

d.-Estaban en sillas de ruedas

2.- ¿Qué eran los gigantes realmente?

a.-Escobas

b.-Molinos de viento

c.-Grandes montañas

d.-Arboles gigantes

3.-¿Qué dijo Don Quijote cuando giraron las aspas de los molinos?

a.-Aunque muevan sus brazos cortaré sus cuellos

b.-¡Qué rica briza!

c.-¡Qué raro! ¿Por qué giran?

d.-No dijo nada

4.-¿Qué le pasó a Don Quijote cuando arrojó su lanza al aspa?

a.-Dañó el aspa

b.-La fuerza del aspa lo lanzó y rodó por el campo

c.- La lanza se devolvió y lo hirió

d.- No lanzó nada

SOLUCIONES CAPÍTULO 10

1.-Completa la oración:

a. molinos

b. brazos

c. viento

2.-Responde Verdadero o Falso:

a.-V.

b.-F.

c.-V.

d.- F

3.-Preguntas de selección múltiple:

1.-a.

2.-b.

3.-a

4.-b

"Don Quixote"

Fin.

"Don Quixote"

ESLC READING WORKBOOKS SERIES

VOLUME 1:
THE LIGHT AT THE EDGE OF THE WORLD
by Jules Verne

VOLUME 2:
THE LITTLE PRINCE
by Antoine de Saint-Exupery

VOLUME 3:
DON QUIXOTE
by Miguel de Cervantes

VOLUME 4:
GULLIVER
by Jonathan Swift

VOLUME 5:
THE ADVENTURES OF SHERLOCK HOLMES
by Sir Arthur Conan Doyle

PUBLISHED BY:
EASY SPANISH LANGUAGE CENTER

TRANSLATED AND CONDENSED BY:
Álvaro Parra Pinto

PROOFREADING AND EDITING:
Magaly Reyes Hill
Dinora Mata Flores

EDITOR:
Alejandro Parra Pinto

ALL RIGHTS RESERVED: *This book may not be reproduced in whole or in part, by any method or process, without the prior written permission from the copyright holder. Unauthorized reproduction of this work may be subject to civil and criminal penalties.*

Copyright © 2016 ESLC. All Rights Reserved

CHECK OUT OUR SPANISH READERS IN AMAZON!

CHILDREN'S BOOKS IN EASY SPANISH SERIES

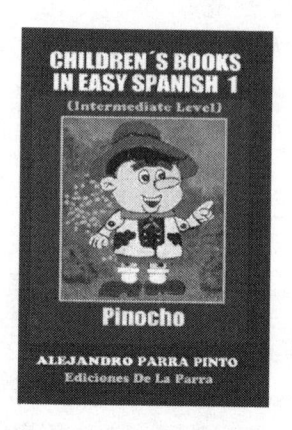

VOL. 1: PINOCHO

VOL. 2: JUANITO Y LAS HABICHUELAS MÁGICAS

VOL. 3: ALICIA EN EL PAÍS DE LAS MARAVILLAS

VOL. 4: PETER PAN

VOL 5: LA SIRENITA

VOL. 6: LA BELLA DURMIENTE

VOL. 7: BLANCANIEVES Y LOS SIETE ENANOS

VOL. 8: LA CENICIENTA

VOL. 9: EL LIBRO DE LA SELVA

VOL 10: EL JOROBADO DE NOTRE DAME

VOL 11: HANSEL Y GRETEL ¡y más!

VOL 12 GULLIVER

VOL 13: RAPUNZEL

VOL 14: LA REINA DE LAS NIEVES

VOL 15: BAMBI

VOL 16: LA BELLA Y LA BESTIA

VOL 17: HÉRCULES

"Don Quixote"

FUNNY TALES IN EASY SPANISH SERIES

VOL. 1: JAIMITO VA A LA ESCUELA

VOL. 2: EL HOSPITAL LOCO

VOL. 3: VACACIONES CON JAIMITO

VOL. 4: EL HOSPITAL LOCO 2

VOL. 5: RIENDO CON JAIMITO

VOL. 6: NUEVAS AVENTURAS DE JAIMITO

VOL. 7: JAIMITO REGRESA A CLASES

VOL. 8: JAIMITO Y EL TÍO RICO

VOL. 9: JAIMITO Y DRÁCULA

VOL. 10: JAIMITO Y MR. HYDE

BEDTIME STORIES IN EASY SPANISH

VOL 1: RICITOS DE ORO Y OTROS CUENTOS

VOL 2: PULGARCITO Y OTROS CUENTOS

VOL 3: LOS TRES CERDITOS Y OTROS CUENTOS

VOL 4: LOS ZAPATOS MÁGICOS Y OTROS CUENTOS

VOL 5: EL GATO CON BOTAS Y OTROS CUENTOS

VOL 6: CAPERUCITA ROJA Y OTROS CUENTOS

VOL 7: RUMPELSTILTSKIN Y OTROS CUENTOS

VOL 8: LOS DUENDES Y EL ZAPATERO Y OTROS CUENTOS

VOL 9: EL SASTRECITO VALIENTE Y OTROS CUENTOS

VOL 10: EL PATITO FEO Y OTROS CUENTOS.

SELECTED READINGS IN EASY SPANISH SERIES

VOL 1: TARZÁN DE LOS MONOS y...

VOL 2: LOS VIAJES DE GULLIVER y...

VOL 3: DE LA TIERRA A LA LUNA y...

VOL 4: ROBINSON CRUSOE y...

VOL 5: VIAJE AL CENTRO DE LA TIERRA y...

VOL 6: CONAN EL BARBARO y...

VOL 7: EL RETRATO DE DORIAN GRAY y...

VOL 8: DR. JEKYLL AND MR. HYDE y...

VOL 9: LA ISLA MISTERIOSA y...

VOL 10: DRÁCULA y...

VOL 11: ROBIN HOOD

VOL 12: LA VUELTA AL MUNDO EN 80 DÍAS

CHECK OUT OUR SPANISH READERS IN AMAZON!

Made in the USA
San Bernardino, CA
18 February 2017